JN409089

여기가 좋사오니

지성 · 감성의 메타언어
조선문학시인선 · 360

여기가 좋사오니

최 규 철 신앙시집

조선문학사

■ 책머리에

시인의 말

그동안 문단에서는 신앙시를 긍정적으로 보는 견해보다는 부정적인 시각에서 보는 경향이 많았습니다. 전혀 작품성이 없고 일상적인 언술로 자기의 신앙심을 토로하는 데 머무는 시라는 것입니다. 하나의 산문형식의 기도문을 행과 연으로 잘라 나열하는 수준에 불과하다는 것입니다. 그래서 시로서는 미숙아적인 함량 미달의 수준에 불과한 작품이라 평가합니다. 이것은 이미지는 없고 관념만 무성하여 시로서의 형상화 작업이 이루어지지 못한 작품들이라는 것입니다.

필자는 이런 점을 감안하여 문학성이 있으면서도 신앙을 담을 수 있는 시가 무엇인가를 고민해오다가 오래 전부터 형이상시에 관심을 가지면서 우리 한국문단의 저명한 원로시인들과 함께 한국시단에서의 형이상시운동을 전개해 왔습니다. 형이상시란 외면적으로 보면 일반시인 것 같은데 내면으로 깊이

들어가 보면 그 속에는 신앙적이며 철학적인 관념세계가 들어 있고 재치와 순발력이 있는 컨시트가 있는 시입니다. 쉽게 말하자면 물 위에 떠다니는 빙산으로 비유한다면 수면에 나타나는 작은 빙산은 이미지요 물속에 깊이 잠겨있는 큰 얼음덩어리는 내면의 정신세계란 것입니다. 다시 말하자면 눈에 보이는 즉물화된 시의 이미지는 빙산의 일각이요 물속에 잠재되어 있는 얼음덩어리는 인간 내부의 신앙과 철학 등의 관념세계라는 것입니다. 따라서 형이상시는 문학성도 있고 신앙도 담을 수 있는 포괄적인 시라는 것입니다. 겉으로 보면 일반시 같은데 내부로 들어가 보면 무진장한 신앙세계가 담겨 있는 시입니다.

그러나 문제는 그것이 워낙 함축성과 깊이가 있고 동떨어지고 상반된 개념과 사물을 폭력적으로 결합하여 부조화의 조화를 이루게 하는 시이기 때문에 시를 잘 모르는 사람들에게는 이해가 잘 되지 않은 경우가 많다는 것입니다. 이런 점을 감안해서 필자는 목사로서 하나님과 서원한 바도 있고 해서 그리스도인이면 누구나 다 이해할 수 있고 누구에게나 쉽게 다가갈 수 있도록 대중성 있는 신앙시를 쓰기로 결단을 하고 이번에 이 신앙시집을 출판하게 되었습니다. 신앙시이다 보니 아무래도 구상적인 이미지 시보다는 추상적인 정신세계로 치우쳐지는 경향이 많고 사물시보다는 관념시로, 묘사시보다는 진술시의 성격을 띠고 있다는 것입니다.

그러나 최대한 시적인 레토릭을 활용하여 문학성을 살리는데 역점을 두고 이 시를 썼습니다. 잠이 드는 밤을 무덤으로 보고 깨어나는 새아침을 하루의 부활로 비유하여 쓴 '날마다 부활의 아침을'이라든가 천국 집(천당)과 우리 집을 하나로 결합하여 우리의 보금자리로 본 '천국은 우리의 안방' 등, 서로 상반된 양극상황을 폭력적으로 결합한 컨시트 기법이 있고 '눈물의 기쁨', '아내는 죽지 않았습니다', '여전히 한 몸', '십자가의 그늘 밑' 등에서는 아이러니(반어)와 패러독스(역설) 등의 기법을 시도해봤습니다. 특히 '눈물로 묻은 아내의 무덤'은 눈물과 흙이라고 하는 전혀 유사성이 없고 이질적인 이미지와 개념을 결합하여 아내의 죽음에 대한 비통함을 표출해낸 컨시트 기법으로 쓴 시입니다. 이 시야말로 내 나름대로 관념적인 신앙시이면서도 구상적인 사물시 형태로 변형하여 조화를 이루게 하는 새로운 메커니즘에로의 도전을 시도해본 시라 할 수 있습니다. 더욱이 이 시집이 주로 성경 텍스트를 소재로 풀어 쓴 시로 채워져 있다는 점에서 흐뭇함을 느낍니다. 이런 컨시트 외에도 반복법, 전도법, 대조법, 대구법, 점층법 등의 시수사학적인 기법도 모두 시도해본 시입니다.

아무쪼록 부족하지만 모처럼 심혈을 기울이고 쓴 이 시집이 작품성과 대중성을 겸한 신앙시집으로서의 전범이 되었으면 하는 소망이 있을 뿐입니다. 특히 이 시집에서는 3년 전에 먼저 천국에 간 아내를 그리며 쓴 시 몇 편이 실려 있습니다. 홀로 말년을 지키며 그리움을 신앙으로 승화시킨 이 시가 천국에 있는 아내에게 드리는 좋은 선물이 되었으면 하는 바램입니다.

끝으로 이 시집을 출판해주신 월간 『조선문학』 발행인 박진환 박사님께 깊은 우정과 감사의 말씀을 드립니다.

2014년 초여름

저자 최규철

여기가 좋사오니

제3부
하나님의 생기

제4부
주여 나를 보내소서

제1부

날마다 부활의 아침을

아침이슬 같은

오늘 아침도
당신이 주신 호흡으로 깨어났습니다

아침이슬 같은
하루를 만들어 내게 주시고
아침 햇살을 모아
나의 순수한 눈을 뜨게 하셨습니다

밤새 주의 품으로 어둠을 품고
어둔 밤의 원액을 걸러내어
해말간 아침이슬을 맺혀주신 주님

아침마다
거지 나사로의 손끝에 찍은
물 한 방울로 나를 소성하게 하소서
부활의 눈을 뜨고 일어서게 하소서

날마다 부활의 아침을

매일 아침
주 안에서 눈을 뜨고
부활을 맞는 새날 되게 하소서

주의 입김을 마시고 사는 나날은
어둔 밤도 낮의 빛으로 열어가는 길이요
부활하신 주님의 몸을 이루어가는 날입니다

잠을 자는 시간에는 온전히 나를 버리게 하소서
어둠 속에서 내가 없어질 때
의로운 태양이 떠올라 내가 다시 일어서고

밤마다 무덤에서 내가 죽을 때
새벽마다 내가 새롭게 살아나는 생활입니다

그리하여
아침 해가 솟아오를 때마다
빛나는 얼굴로 주를 맞는 날 되게 하소서

새벽에는 나팔소리로 알람을 맞춰 놓겠습니다
어느 날 홀연히 공중에서
귀에 익은 주의 나팔소리가 울릴 때
무덤의 깊은 잠에서 깨어나게 하소서
영원한 부활의 아침을 누리게 하소서

눈물의 기쁨

내가 먼저 죽고
아내가 살아있었다면
나처럼 아내가 울며 지냈을 텐데

아내가 먼저 죽고 내가 살아
이런 슬픔을 내게 주신 주님 감사합니다

천국의 황홀한 희열과
지상의 애통함으로
부부를 나뉘게 하시는 갈림길

온몸을 쥐어짜며 흘린 눈물로
온몸이 말라 꼬이기까지
울고 또 울면서도

슬픔이 나의 기쁨이 되는 것은
아내의 신령한 천국 숨결이
내 가슴의 울림으로 다가오기 때문입니다

눈물이 일상이 되어버린 지금은
그것이 기도요 범사에 감사인 것을
이제야 알았습니다

오늘도 주일 오후를
꿈에서 본 아내 생각에
이렇게 울먹거리는 것은

지상에서 내 슬픔의 눈물이
하늘에서는 아내의 기쁨이기 때문입니다

주님의 손바닥에 새겨진 이름

주님의 손바닥에
새겨주신 내 이름은
영원히 지워지지 않는 하늘의 인침표입니다

천국 생명록에 기록된 이름이지만
이 땅에 있는 동안에도
꼭 쥔 손으로 생명싸게 안에 지켜주시고
그 주먹으로 대적을 물리쳐주십니다

능하신 손아래 붙들려 있으면
주검의 음침한 골짜기에서도
주님의 편 팔로 보호해 주시고
강한 손으로 내 발걸음을 떠받아 주십니다

어느 날
야곱의 환도뼈를 치시고
이스라엘이라 이름 하여 부르신 주여

비록 빈손에 서명된 이름이지만
주님의 지문으로 인 치심을 받았으니
그 크신 품안에서 영원히 빼앗기지 않는
당신의 자녀로 남아있게 하소서

아내는 죽지 않았습니다

아내는 죽지 않았습니다
그래서 아내에게는
캄캄한 무덤의 시간이란 없습니다

햇빛 같은 얼굴로
천국의 안식을 즐기고 있는
아내만이 내게 살아있습니다

나 홀로 앉아 기도할 때에도
아내가 두고 간 기도의 빈자리는
어느새 그가 하늘에서 내려와
신령한 숨결로 가득 채워집니다

아내와 함께 하는 기도의 시간은
주님도 함께 하심으로
큰 위로요 눈물이요 영혼의 원천보다
더욱 깊은 데서 샘솟는 사랑입니다

아내에게는 무덤이 없습니다
다만 주님의 품안에 있는
영원한 천국 시간이 있을 뿐입니다

해를 닮게 하소서

오늘도
잠에서 깨어난 내 눈은
새벽빛으로 불붙은
아침노을의 심지이게 하소서

동녘 바다 위로
날개 치며 올라가는 독수리 같이
예지의 눈빛 번득이는 해를 닮게 하시는 주여

나의 하루하루를
떠오르는 아침 해와 함께 시작하는
영원한 새날 되게 하소서

연을 날리듯 기도의 손으로
더욱 팽팽한 믿음의 끈을 당기며
종일토록 중천에 머무는 햇빛 되게 하소서

아멘 주여,
내 기도의 눈물로 흐린 눈 닦아주시고
오늘을 도우시는 주의 손을 보게 하소서

시험의 바람 속에서도

바람에 펄럭이는 빨래처럼
모진 시험 속에서 흔들릴 때에도
믿음의 날갯죽지가 살아 퍼덕이는 것은
사랑의 매는 줄로 굳게 매달려있기 때문입니다

흐느끼며 몸부림치는 바람 끝에서
한없이 흩뿌려지는 햇살이
어느새 눈물방울 되어 가슴을 적십니다

오늘도 하늘에는
구름 따라 그리움만 흘러가고
한 번 떠나간 사람은 다시 오질 않습니다

마음 흔들리며 넘어지고 스러지곤 해도
오뚝이처럼 벌떡벌떡 일어서는 것은
내 중심에 주님이 자리 잡고 계시기 때문입니다

빛과 소금 · 2

이대로의 나는
세상의 빛이 아닙니다

내 몸을 주님의 제물로 불살라
스스로의 몸을 밝힐 때라야
비로소 나는 세상의 빛입니다

비록 그것이
십자가의 사랑으로 세상을 밝히신
그 빛의 그림자에 머문다 해도
그 때가 바로 세상의 빛입니다

이대로의 나는 소금이 아닙니다
맛을 잃은 세상 속으로 들어가
주님의 눈물로 녹아 없어지고
사랑의 간을 맞출 때라야
비로소 나는 세상의 소금입니다

이름도 형체도 없이
다 주고 보이지 않는 데서
말씀이 피가 되고 살이 되어
주님의 몸으로 살아가는 것이
바로 내가 세상의 소금이 되는 일입니다

빛과 소금은 주님의 눈물입니다
눈물로 태우고 간을 낼 때라야
모두가 진정 주님의 빛과 소금입니다

목마르지 않은 생수

죽은 나사로의 손끝에 찍은
단 한 방울의 물기로는
지옥불의 혀끝을 서늘하게 할 순 없습니다

이 땅에 살아있는 동안
하늘나라를 누리는 자가 전하는
입술의 복음만이 타들어가는 혀끝에서
영생하는 샘물을 솟아나게 할 수 있습니다

말라서 비비 꼬이고
핏기가 없는 죽은 지팡이로는
반석에서 생수를 낼 순 없습니다

갈보리의 날을 앓으며
주님의 피 묻은 십자가만이
충만케 하신자의 충만으로
갈한 영혼을 흡족하게 채워줄 수 있습니다

십자가에 못 박히신 예수여,
주님의 손가락 끝에서
한 방울씩 떨어지는 피로
영원히 목마르지 않은 생수를 얻게 하소서

밤을 밝혀주소서

밤늦게
외출에서 돌아오면
주님 홀로 나를 맞아주십니다

불을 켜면
눈물을 태우는 불빛으로
방안 구석구석까지
아내의 빈자리를 채워주신 주님

불을 끄고
홀로 잠자리에 드는 밤도
내 영혼의 등불로 어둠을 밝혀주소서

나의 천국 모국어

나의 천국 모국어는
곧 하나님의 말씀입니다

말씀이 육신이 되어
생활로 말하게 하시는 언어요
온 세상을 밝히는 빛입니다

행함으로 믿는 산 믿음 가지고
서로 소통하는 사람들끼리
가슴속 깊은 영혼의 울림을 나누는 나라

나의 천국 모국어는
하나님이 주신 영원한 사랑입니다

지금은 희미하나
그 때는 하나님의 나라에서
얼굴과 얼굴을 마주보며 말하고

지금은 부분적으로 알아듣지만
그 때는 온전히 알아듣는 교재가 되게 하소서

눈물로 묻은 당신의 무덤

눈물로 묻어
소복이 쌓아올린 당신의 무덤에는
오늘도 이름 모를 산새들이 울고 있겠지요

꽃잎을 스치는 작은 흐느낌에도
신음하는 바람소리
당신의 숨결이 살아있는 저 편 하늘로
그리움을 안고 흰 구름 흘러가고

그날 구름에 싸여 올리어 가던 하늘을 향해
여태껏 다 부르지 못한 당신의 이름을
바람결에 새겨 날려 보낸다오

잠을 이루지 못한 무수한 밤을
나와 함께 초롱초롱한 눈빛으로 깨어
당신의 무덤을 지키는 밤별들

온 밤을 부여안고 흘린 눈물이
날이 새면 아침이슬 되어
촉촉히 무덤 위의 잔디를 적셔주고

오늘 같이
장대비가 쏟아지는 날이면
나의 사랑이 온통 비구름 되어
넓은 묘역에 회한의 비를 퍼붓고 있겠죠

당신의 무덤은 오늘도 내일도
나의 흘린 눈물로 꽉꽉 밟아
영원히 쌓아올리고 있는 미완성 종지부

장차 우리 주님 오시는 그날
눈물로 묻어온 무덤이
웃음꽃으로 활짝 열리는
당신의 부활을 굳게 믿고 있소

기도의 눈물

내 기도의 눈물이
샤론의 꽃을 피우는
단 한 방울의 이슬이 되고 싶습니다

눈물을 태우는 제단불 속에서
주님의 꽃으로 피어오르는
기도의 향기가 되고 싶습니다

남김없이 쏟고 쏟은 눈물로
나의 형체를 다 비운 후에는
주님의 말씀으로 알알이 맺히는
기도의 열매이고 싶습니다

그리하여
내 몸이 주님의 제물로 다 타버린 후에는
단 한 줌의 재가 되어
샤론의 꽃밭에 뿌려지는 거름이 되고 싶습니다

하루하루가 천국

아내가 간 후에도
하루하루가 새날입니다

밤이 지나고 창문 사이로
아침 햇살이 밝아오면
하루의 한 페이지를 주신 하나님
오늘은 무슨 말씀으로 채워가야 합니까

비록 뿌리 깊은 상처가
눈물로 자라는 밤도

영혼의 태양이 떠오르는 아침에는
말끔히 가시고
하루하루가 아내가 가있는 영원한 천국입니다

제2부

여기가 좋사오니

내 생활 반경의 중심

어디서나
무릎을 꿇는 그 자리가
내 생활 반경의 중심이게 하소서

주의 이름을 부를 때
힘차게 토해내는 주의 생기로
공중세력을 잡은 마귀가 물러나게 하시고

내가 기도의 손을 모을 때
천국과 세상이 하나로 만나고
영혼이 육체를 벗어나 셋째 하늘에 머물게 하소서

번쩍 드는 두 팔이 나란히 세워져서
하늘 사닥다리가 되게 하시고
천국 문이 활짝 열리어
천사들이 오르락내리락 하게 하소서

내 생활 반경의 중심이
벧엘의 꿈이게 하소서
십자가를 붙드는 기도이게 하소서

기도의 3보액(寶液)

나의 눈물이
뜨거운 사랑으로 피어오르는
그리스도의 향기가 되게 하소서

나의 기도의 땀방울이
수고하고 무거운 짐 진 자들에게
함께 나누는 십자가의 은혜가 되게 하소서

인류를 위하여
땀방울이 변해 핏방울이 되던
겟세마네의 그 크신 연민을
내 기도의 눈물 속에 담게 하소서

온몸으로 짜내고 걸러내신
주님의 눈물로 내 눈이 밝아지게 하시고
주님의 피와 땀방울로
내 몸의 안팎을 씻어 맑게 해 주소서

애통하는 자의 탄식이 변하여
십자가에서 다 이루신 구원으로
주님 주시는 참 기쁨을 누리게 하소서

그런데 왜 나는

하늘 영광으로 가득한
주님의 얼굴 빛 앞에서
왜 나는 이리도 작은 불꽃으로
흔들리는 촛불입니까

폭풍처럼 휩쓸고 간
급하고 강한 바람 앞에서
왜 나는 이리도 흔들리는 갈대입니까

내가 얼마나 더 작아져야
주님 앞에 드러나는 형체로
바르게 설 수 있을까요

십자가의 피로 씻은 투명한 옷자락처럼
내 자신이 보이지 않는 바람으로 나부낄 때
그 크신 주님의 얼굴이 보이고

티끌보다 작아질 대로 작아져서
죄인 괴수의 자리로 내려갈 때라야
비로소 큰 사랑의 빛이 보이리라 믿습니다

그런데
왜 나는 이렇게 흔들리는 촛불입니까
왜 나는 이렇게 흔들리는 갈대입니까

천국 집에 사는 가족

아내가 죽은 후에는
어머님의 얼굴을 닮았다

어머님과 아내의 인연은
믿음으로 하나 되게 하신 핏줄 따라
끝없이 하늘로 이어진다

하늘에는 황금빛으로 지어진
우리들의 천국 집이 있고

내 안에는
주님의 햇살이 실핏줄 되어 흐르는
마음의 천국 집이 살아있다

먼 곳에 있으면서 내 안에 있어
산 자와 죽은 자가 함께 거하는 우리 집

주님의 얼굴빛으로
밤낮없이 밝혀있는 심령 속에서
나는 어머님과 아내와 더불어 산다

눈이 투명해질수록
언제나 죽은 아내와
어머님의 얼굴이 하나 되어 떠오른다

이제야 알았습니다

아내를 위해 흘린 눈물이
진정 주께 드리는 기도인 줄을
이제야 알았습니다

뼈와 골수로부터 절절히 녹아 흐르는
생수인 줄도 이제야 알았습니다

기도 속에서 터져 나오는
한숨과 탄식이
주의 숨결인 줄도 이제야 알았습니다

어깨를 들먹이며 흐느끼는 울음이
애통하는 자의 위로인 줄도 알았습니다

아내를 잃고 사는 슬픔도
기쁨이 되는 기도인 줄을
이제야 비로소 알았습니다

기다리게 하소서

큰 환난의 밤을 만날 때는
잠시 가만히 있게 하소서
쌓여가는 어둠의 무게를 등에 지고
그것이 자나가기까지 엎드리게 하소서

그 잠잠한 때가
바로 주님이 일하시는 시간입니다

주님이 마음을 열어 보이실 때까지
구하고 찾고 문을 두드리게 하소서
그리고 기다리게 하소서

이 가혹한 시간이 지나기까지
아직도 끝나지 않은 언약을 위해
주님과 함께 여기 있게 하소서
잠시 잠잠히 기다리게 하소서

불같은 연단을 받은 후에는
금촛대 되어 어둔 세상을 밝히는
주님의 빛으로 일어나게 하소서

주의 말씀은 예술

태초로부터 말씀은 그림이었습니다
하나님 보시기에 심히 아름다웠습니다

지금도 말씀은 시입니다
단 한 마디 속에 하늘과 땅의 모든 영광을
다 담을 수 있는 찬양이며 눈물이며 향수입니다

천국 본향을 그리며 눈물로 찍어 쓴
방언이요 사랑입니다

말씀은 드라마입니다
살아 숨 쉬는 생명이며
살아 움직이는 생활입니다

말씀은 장엄한 오케스트라입니다
예수께서 지휘하시는 십자가 지휘봉 끝으로
밤하늘의 별과 별의 숨소리를 모은 하모니며
인류가 가야할 대장정의 우렁찬 행진곡입니다

오 주님, 하나님의 말씀을
온 몸에 예술로 아로새기게 하소서
주님의 생명으로 다시 살아나게 하소서

천국 등불을 들고

등불을 들고 문밖에 서서
나의 문을 두드리시는 주여

주를 향해 가슴을 열 때가
바로 하늘 문이 열리는 때입니다

찬란한 천국 무늬로 수놓으신
무지갯빛 옷을 두르시고
영광스런 얼굴 광채로
어두운 영혼을 밝혀주시는 주님

항상 거기 머물러
돌아가는 그림자도 드리우지 않은
영원한 천국의 햇빛 되어 주소서

지금 나의 문을 활짝 열겠사오니
해와 달과 별과 불빛 없어도
다시는 어둠이 없는
천국 등불을 들고 내게 들어오소서

의로운 해가 떠올라

매일 아침 뜨는 해에서
주님의 치료하는 광선을 발하게 하소서

해가 진 후에도
밤낮이 없는 빛으로 거기 머물러
어둔 심령, 죄의 밤을 밝혀주시고
영혼의 태양으로 떠 있게 하소서

그리하여
주님을 경외하는 자의 날을
영구히 보존하게 하시고
외양간에서 나온 송아지 같이 뛰게 하소서

의로운 해가 떠올라
빛을 투과하는 주의 형상을 이루게 하시고
죄악의 그늘이 드리우지 않도록 해주소서

회전하는 그림자도 없는
주의 영화로운 일꾼 되게 하소서

여기가 좋사오니

변화산은 이스라엘 땅
거기에만 있는 것은 아닙니다

주의 영광으로
내 얼굴이 해같이 빛나고
옷이 빛과 같이 희어지는 곳이라면
그 어디나 나의 변화산입니다

변화산은
주님 세상 계실 때만 있는 것은 아닙니다
내가 변형 되고 광채가 나는 때라면
그 어느 때나 나의 변화산입니다

주님은
언제나 어디서나
은혜가 넘치는 심령에
당신의 얼굴빛으로 빛나게 해주십니다

지금 주님은 어디 계십니까
오셔서 하늘 생기로 나를 채우시고
주님의 형상으로 다시 지어주소서

주님 함께 하시는 곳이면
그 어디든 언제이든 좋사오니
초막 셋을 지어놓겠습니다
속히 오셔서 영원한 빛의 자녀 되게 하소서

십자가의 그늘 밑

나의 참된 안식처는
십자가의 그늘 밑입니다

광야의 짐을 모두 내려놓고
거기서 주시는 떡과 포도주로
주님의 형상을 이루는 자리입니다
그늘에서 솟는 생명수
그 푸른 초장 잔잔한 시냇물에
천국의 물그림자 얼비치고
벧엘의 사닥다리가 높이 세워진 곳

오 예수여
거기 주님의 핏기가 흐르고
생기가 살아나 숨을 쉬는 그늘 밑에서
온몸으로 고난의 십자가를 즐기게 하소서

내 스스로가
주님의 발밑에서 작은 그늘이 되고
주님을 닮아가는 가슴이 되게 하소서
지치고 고달픈 영혼들을 끌어안게 하소서

여전히 한 몸

우리가 하나가 된 후로는
주님은 햇빛이 되시고 아내는
내 우편의 그림자였습니다

우리가 하나가 된 후로는
주님은 바람이 되시고 아내는
나의 옷자락으로 나풀거렸습니다

지금은 천국에서
심장의 불꽃으로 나를 태우는
아내의 체온이 있어 내가 살아갑니다

주님은
영원한 사랑의 메는 줄로
죽음으로도 갈라놓을 수 없는
아내와 나를 한 몸으로 묶어주셨습니다

그래서 우리는 여전한 한 몸입니다

십자가 찬양

내 고난의 몸으로 각을 떠서
십자가의 제단 불에 드릴 때
온몸의 기름을 태워 바치는 찬양이게 하소서

십자가에서 다 이루신 구원 주시고
하늘 꼭대기까지 닿은 사닥다리 위로
왕래하는 천사들의 꿈을 꾸게 하소서

주님과 피로 주고받은
나의 골고다 언덕에서는
지금도 천국의 숨결이 깃들고 있습니다

십자가를 생각하는 자리에서
또 하루가 지나가는 이 밤도
마음의 노래 신령한 노래가
내 가슴 가득히 넘쳐나게 하소서

사랑은 두려움을 내쫓나니
오히려 십자가를 즐기게 하옵소서

빛의 옷

예수의 햇살은
하늘에 가득한 빛의 옷자락입니다

십자가에서 흘리신 보혈로 씻어
희게 하신 세마포 옷으로
나를 갈아입히신 주여

속살까지 비치는 투명한 옷으로도
전혀 부끄럽지 않은
빛의 몸으로 다시 나를 태어나게 하소서

이제는
에덴의 새 아침에 떠오르는
해를 향하여 일어나
어떤 밤의 어둠으로도 물들지 않은
그리스도로 옷 입게 하소서

주님 주시는 광체로
온 세상을 밝히는 햇살 되게 하소서

제3부

하나님의 생기

말씀의 빛

눈이 밝으면
세상이 어두울수록
말씀에서 더욱 빛이 납니다

길을 잃은 이에게
말씀의 빛으로
영혼의 눈을 밝히시는 주여

오셔서 내 발에 등불이 되시고
내 길에 빛이 되어주소서

무화과 나뭇잎의 치마를 벗기시고
빛나는 의의 옷을 덧입혀
해처럼 해맑게 떠오르게 하소서

어둠속에서 길을 잃은 사람들에게
길의 등불이 되게 하소서

부활의 산실(産室)

그대는 아는가
날마다 그대의 몸 안에서
주님과 함께 다시 태어나는
십자가의 산고(産苦)를

거기 흘리신 피와 찢기신 살이
그대의 영혼 깊은 곳에서
주님의 따뜻한 체온으로
부화(孵化)되고 있음을 아는가

주님 손으로 떼어주신
떡 한 조각으로 신령한 몸을 이루고
손수 부어주신 잔에 취하여
천국의 꿈을 꾸는 이에게는

장차 주님 오시는 날
십자가 안에서 죽는 이의 무덤이
하늘을 여는 천국문임을 아는가

신령한 육신을 입고 다시 일어서는
부활의 산실(産室)임을 아는가

아내의 무덤

유골만 남은 아내의 무덤은
그의 영원한 마침표가 아닙니다
다만 흙의 고향에서
하늘의 생기를 기다리는 쉼표입니다

아내를 위해 흘린 눈물로
점차 깎여가는 나의 뼈가
이제는 사랑의 버팀목이 되어
나를 지탱해 줍니다

내가 죽는 날
나와 합장하게 될 아내의 무덤은
나의 남은 날의 가묘가 되고

장차 하늘에서 울리는 나팔소리로
무덤이 활짝 열리는 날
부활의 기쁨을 함께 나눌 우리의 안식처입니다

지금 아내는
결코 지하에 머물러있지 않습니다
커다란 부활의 씨앗이 되어
내 안에 묻혀있고 하늘나라에 가있습니다

딸애가 앓고 있으니
- 딸의 수술 날을 앞두고

딸애가 앓고 있으니
아내를 잃은 눈물은
오히려 사치스러운 것이었습니다

전능하신 주의 편 팔이
항상 나와 함께 하시는데
두려움에 떠는 나는 과연 누구입니까

오 주님
지난날 내게 역사하시던
당신의 뜨거운 입김이
아직도 내 몸에 살아있음을 알게 하소서

주님의 손바닥에 떨어지는
내 기도의 눈물 한 방울 한 방울이
주님 쓰시는 치료제가 되게 하시고
주님 손에서 보혈의 능력이 되게 하소서

이 시간 친히
주께서 그 피 묻은 손으로 안수해 주시고
성령의 불칼로 수술하여 주소서

이 질병과의 싸움은
이미 이기고 싸우는 싸움인 줄 믿습니다

닭이 울기 전에는

닭이 울기 전에는
나는 미처 알지 못했습니다
주님의 예지의 눈이
이미 나를 꿰뚫어보고 계신 줄을

닭이 울기 전에는
나는 미처 예상치도 못했습니다
내가 주님의 목전에서 '나는 아니로라'라고
주님을 부인하게 될 줄을

닭이 울기 전에는
나는 미처 상상치도 못했습니다
주님을 저주하며 '그를 모른다' 맹세하게 될 줄을

닭이 울어서야 비로소 나는
주님의 음성이 들릴 줄을 미처 몰랐습니다
그래서 뜰 밖으로 뛰어나가 통곡했습니다

단 한 방울의 눈물

주님의 손은
하늘보다 크시기에

그 손바닥에 떨어진
내 기도의 눈물은
태평양 바닷물보다 큽니다

내 눈물을 기뻐하시는 주여
주님의 손 안에 있는
단 한 방울의 눈물일지라도

겟세마네의 신음소리가 들리게 하소서
주의 오른 손을 움직이는 능력이게 하소서

기도의 응답은 눈물

나의 부르짖음으로
언제나 성대는 갈라졌고
눈물로 옷소매는 젖어있나이다

여느 때보다
한 옥타브 높은 음성으로
하늘 문을 두드리는 이 시간
주가 주신 기도의 응답은 눈물입니다

오 주여, 이 눈물이
뱃속 깊은 생명 샘에서
흘러나는 생수가 되게 하시고

기도하는 가슴 속
뜨거운 제단 불에서
활활 타오르는 향기가 되게 하소서

이 시간
위엣 것을 바라보며 오늘을 생각하고
더 낮은 자리로 내려가 하늘을 보며
무릎 꿇고 기도하게 하소서
눈물의 응답을 받게 하소서

겟세마네의 기도

밤새도록 드린 기도가
아침이슬 같은 눈물이 되어
은혜의 새벽을 적셔줍니다

밤새도록 드린 기도가
수고의 땀방울이 되어
구원의 열매를 맺혀줍니다

밤새도록 드린 기도가
핏방울이 되어
죄로 얼룩진 상처를 씻어줍니다

겟세마네 동산에서
피땀 흘리신 눈물의 기도가
십자가를 이기는 주님의 능력이라면

그 십자가 있는 곳이
바로 우리의 겟세마네요
하늘 문이 열리는 벧엘입니다

비록 기도의 자리가
주님과 돌 하나 던질만한 거리일지라도
주 안에서 한 몸 되어 기도하게 하소서

천국은 우리의 안방

아내는 천국에서 삽니다
그래서 천국은 우리 안방입니다

먼 나라로 갔지만
천사보다 더 아름다운 모습으로
항상 내게 돌아와 나와 함께 있습니다

이렇게
천국에 있으면서
우리 집에 머물고 있는 아내는

그 멀고도 먼
천국과 우리 집 사이를
언약의 무지개다리로 이어지게 했습니다

회개의 눈물

주님의 손바닥에 떨어지는
내 회개의 눈물이
알알이 맺히는 천국보석 되게 하소서

내 영혼 깊은 데까지
얼룩진 죄의 자국을 불사르는
성령의 기름이 되게 하소서

십자가에 흐르는 죽음의 시간이
핏방울 되어 뚝뚝 떨어지는 곳에
죄의 몸을 씻어 다시 살리는 눈물이 있게 하소서

눈물에 상한 눈으로만이
주님의 나라가 보입니다
장차 천국에서 주님 손으로 닦아 주시는
거룩한 눈물 되게 하소서

회개의 영은
주께서 내게 주신 최상의 선물입니다

하나님의 생기

당신의 사랑이
내 심장에서 핏방울이 되고
생수가 되어 넘쳐흐릅니다

당신의 숨결이
내 뼈마디에서 바람이 되고
온 몸에서 불꽃이 되어 타오릅니다

한 줌의 진흙 같은 내게
생기를 부어주신 주님

하나님의 열심이
내 작은 몸의 체온이 되어
주 안에서 펄펄 뛰게 하소서

천국 꿈을 꾸는 생활

지난날을 돌이켜 보니
모두가 안개 속에 떠오르는
덧없는 일장춘몽이었습니다

실낱같은 나날이
꽃잎처럼 뚝뚝 떨어지고

깨어있는 시간만이
주님의 도우시는 얼굴을
친히 만나 뵙는 때였습니다

오 주님,
광야 같은 세상을 지나가는 동안
소망의 눈을 뜨고 깨어
천국 꿈을 꾸는 생활 되게 하소서

주님의 손으로

주님의 손으로 주신 것이면
보리떡 다섯 개와
물고기 두 마리로도
장정 오천 명을 배불리 먹이고도 남습니다

주님의 손으로 주신 것이면
한 점의 떡과 한 잔의 포도주로도
죽어가는 영혼을 영생으로 이끌어 주십니다

주님의 손이 닿는 곳에
열 사람의 나병환자가
제사장께 가는 길에서 깨끗함을 받았고

주님은 손끝 하나 까딱 하지 않았어도
송장냄새 나는 나사로를
무덤에서 일으켜주셨습니다

실로암 못에서
소경의 눈을 뜨게 하신 주님

주님의 손이라면
흐릿한 나의 눈도
내 기도의 눈물로 씻어 맑게 하소서

주의 몸으로

내가 주님을 만나기 전에는
오염된 진흙 한 덩이에 불과했습니다

어느 날
주님의 입김에 사로잡힌 후로는
지금의 나는 내가 아니었습니다

주님의 급하고 강한
바람소리로 귀가 열리어
비로소 내게 천국 모국어가 들렸습니다

성령의 불로 진흙을 구워
하나님의 형상대로
다시 지음 받은 후에야
말씀이 나의 육신이 되어
주님의 몸으로 살아났습니다

질그릇에 보배를 간직한 나에게
주님은 나의 영원한 나라요 능력입니다

눈물의 의미

아내가 간 후에야
비로소 눈물의 참 의미를 알았습니다

이제야 사랑이
기도인 줄도 알았습니다

겟세마네 동산에서
인류를 위해 쏟으신
단 한 방울의 눈물 속에 담긴
주님의 사랑이 얼마나 큰 줄도 알았습니다

눈물이 땀방울이 되고
핏방울이 되는 고통이
십자가의 도임을 알았습니다

아내가 간 후에야
비로소 눈물 속에 담긴
주님의 기쁨도 알았습니다

제4부

주여 나를 보내소서

십자가의 은혜

예수의 흔적을 지니고 사는
내 몸의 어디선가
아직도 십자가의 생피가 흐릅니다

채찍에 맞아 덩어리 피를 흘리신
내 몸의 어디선가
어둔 눈 밝히시는 실로암 못이 고여있습니다

만왕의 왕이 쓰신 가시면류관이
내 몸의 어디선가
하늘나라의 금면류관 되어 빛납니다

창에 찔린 허리에서 물과 피를 쏟으신
내 몸의 어디선가
목 마르다 목 마르다 외치시는 주님

지금 2014 번째로 못 박히신 주의 손과
피 묻은 옷자락에 숨겨진 나날을
우리 모두 함께 누리는
십자가의 은혜가 되게 하소서

성령을 부으소서

강한 바람 속에서
떠오르는 아침 해살처럼
당신의 심장의 피를 뿌려
오늘도 성결한 하루를 열어주소서

기도의 제단 불에
온몸을 불살아 드리오니
오늘도 향내 나는 제물로 받아주소서

허락하신 방언은
우리들의 영원한 언어요
바로 당신 안에 있는 사랑입니다

두 손 모아 기도하는
우리에게 성령을 부어주소서
당신의 사랑으로 불타게 하소서

별을 따라가는 길
- 성탄의 밤에

주님은 어둠속에 살아있는 샛별입니다
나의 길에 영원한 등불입니다

밤이 깊어갈수록
더욱 영롱한 한 떨기 별꽃으로 수놓으시고
반짝이 옷으로 하늘을 장식하여
성탄의 밤을 밝히시는 주님

별을 따라가던
동방박사 세 사람의 발자국처럼
지금 내가 밟고 가는 발걸음도
주께로 가는 길의 지표가 되게 하소서

소망의 별을 잃어버린
예루살렘의 밤은 벗어나게 하시고
베들레헴으로 가는 길을 열어가게 하소서

의로운 해가 떠오르는 그 날
별빛이 모두 아침이슬로 맺혀
시들어가는 영혼을 소생하게 하소서

이렇게 달라졌습니다

지금은
하늘을 향해 기도할 때
눈을 감고 부르짖습니다
아내가 병들었을 때는 하늘을 우러러
눈을 뜨고 기도했기 때문입니다

비 오는 날의 기도는
귀를 막고 부르짖습니다
아내가 병들었을 때는
귀를 쫑긋 세우고 기도했기 때문입니다

아내가 없는 지금은
소리 없이 기도합니다
아내가 병들었을 때는
소리쳐 울부짖었기 때문입니다

아내는 지금 갔습니다
나만 홀로 두고…
하늘나라에 가버린 후에는
이렇게 내 눈과 귀와 입이 닫혔습니다

이미 나의 이목구비는
아내가 가있는 천국에 있습니다
주님, 이 땅에 머무는 동안에도
천국의 감각이 내게서 활짝 열려 있게 하소서

주여 나를 보내소서

나의 병상에서
한 방울씩 떨어지는 주사액이
혈관 속으로 들어가 십자가에서 흘리신
주님의 핏방울이 되게 하소서

나의 심장에서
영원토록 솟아나는 보혈이 되어
온몸에 주님 주시는 생명으로 충만케 하시고
다시 회복하여 주님의 일꾼 되게 하소서

뚝뚝 떨어지는 주사액이
주가 십자가에서 흘리신
사랑의 눈물이 되게 하소서

내 안에서 뜨거운 눈물이 되고
온 인류를 품안에 안을 수 있는
주님의 사랑으로 나를 채워주소서

성령으로 차고 넘치던 베드로처럼
나의 지나가는 그림자에서도
철철 넘치는 능력의 역사가 흘러나게 하소서

병든 자와 약한 자를 일으키는
주의 산 증거가 내게서 나타나게 하소서

이 병실이 주님의 사랑으로
거듭나는 산실이 되게 하소서
주여, 내가 여기 있사오니 나를 보내소서

그대는 아는가

이 잔의 깊이를 아는가
붉은 술에 잠긴 그 심장의 크기를

바다보다 큰 사랑의 신비를 아는가
온 세상 구석구석까지
세차게 파도치는 구원의 물결을

십자가에서 흘리신 보혈의 동력이
지금 우리의 가슴에서도
고동치고 있음을 아는가

죄로 상하고 허물에 찔리시며
철저하게 버림을 받으시던
그 죽음의 아픔을 아는가

갈보리산 위에서 팔을 벌리며
세상을 끌어안으시고 다 이루신 사랑이
이 잔속에 철철 넘치고 있음을 그대는 아는가

우리 몸 안에 계신 주님

주님은
몸 안에서는 입김이 되시고
몸 밖에서는 폭풍이 되십니다

몸 안팎에서
무소부재하신 주님은
하늘을 가득 채우실 만큼 크시고
사람 안에 계실 만큼
작은 하나님이십니다

하늘에 계신 하나님이
육신을 입으시고
지금 우리의 몸 안에 계십니다

하나님 계신 곳이
바로 우리의 천국입니다

왜 저를 이렇게 만드셨습니까

하나님
왜 저를 이렇게 만드셨습니까
꿀벌의 날개깃으로도 상처 입는 꽃잎처럼
왜 저를 이렇게 심약하게 만드셨습니까

이 가혹한 형벌의 시간이
실낱같은 긴 심지가 되어
심령 속으로 타들어가는 고통을
저는 감당할 수 없나이다

시험을 당할 즈음에
피할 길을 주신다고 하셨는데
믿음의 총기를 잃은 제 눈에는
지금 그 피할 길이 보이질 않습니다

『네가 믿는 하나님 어디 있느냐』고
마귀의 조롱거리가 되지 않도록
태산을 옮길만한 믿음으로 일어서게 하소서

저의 약한 것을 자랑하리이다
그리스도의 능력이 저의 몸에 머물러
하나님의 보좌를 흔드는
기도의 손을 제게 주소서
기도의 무릎을 제게 주소서

십자가의 사랑

사랑으로 채운
주님의 잔은 피입니다

내 몸속에서
가슴을 뜨겁게 해주시는 생명입니다

그 사랑의 생명 빛으로
캄캄한 광야 길에서
하늘 문을 활짝 열어주소서
벧엘의 꿈을 밝히시는 등불 되게 하소서

십자가의 사랑은
주님의 피로 태우는 불꽃입니다

멍에로의 초대

예수의 십자가에는 그 나무 위에 아담의 선악과로부터 종말에 이르는 모든 죄의 무게가 거기 실려 있다. 예수를 채찍질하고 가시 면류관을 씌우고 대못질을 하던 무리의 죄의 짐까지도… 지금도 예수는 수고하고 무거운 짐 진 자들을 십자가의 멍에로 초대하고 계신다. 이미 인간의 죄를 도말해주신 십자가 그늘 밑에 와서 죄의 짐을 내려놓고 마음에 쉼을 얻으라는 것이다. 참된 십자가의 멍에는 온유하고 겸손한 이의 등에만 알맞다 하신 예수는 그 멍에는 쉽고 그 짐은 가볍다 하신다. 다 와서 멍에의 안식처에 거하라, 십자가에서 솟아나는 오아시스의 생수를 마셔라 하신다.

결코 환각이 아닙니다

아내는
나만 홀로 두고 천국에 갔지만
나는 혼자가 아닙니다

울목 경대의 거울 속에는
여전히 머리를 손질하는
아내의 모습이 거기 있고

거실 소파에는
아내의 기도소리가 질게 배어
지금도 귀속에서 맴돌고 있습니다

아내는 갔지만
언제나 서재 앞에서
그의 인기척이 살아 있어

찬송소리가 들립니다
기도의 눈물을 훔칩니다
믿음의 숨결이 느껴집니다

이 모든 것은
결코 나의 환각이 아닙니다

말씀의 열매

머리에만 쌓이던 말씀이
이제는 가슴으로 새김질하여
온몸에서 주의 영광으로 빛이 되게 하소서

주님 주시는 열심으로
불의 혀 같이 갈라지는 성령이
말하게 하심 따라
땅 끝까지 복음을 전하게 하소서

갈보리산 십자가의 피를 타고
끈끈히 이어지는 주님의 사랑으로
온 세상을 하나 되게 하소서

주님이 심어주신 생명의 말씀이
우리의 가슴, 기름진 옥토에 뿌려져
영원한 언약의 씨앗으로 열매 맺게 하시고
다시 온 세상에 떨어져 더욱 흥왕하게 하소서

주님의 손으로 쉬지 않게

기도의 손을 들어
천국 보고의 문이 열릴 때까지
주님, 당신의 손을 쉬지 않게 하소서

말씀 순종으로 밟는 발걸음마다
모두 하나님의 나라가 이루어지기까지
주님, 당신의 손을 쉬지 않게 하소서

이웃을 위한
섬김의 손길이 다할 때까지
주님, 당신의 손을 쉬지 않게 하소서

입술의 복음이 땅 끝까지 전파되어
알곡의 추수를 다 마칠 때까지
주님, 당신의 손을 쉬지 않게 하소서

나를 오아시스로

푹푹 찌는 더위로
온몸의 물기가 다 빠져나가
내 인생여정이 거친 사막이 되고
사망의 그림자가 드리울 때에도

주님은
내 뱃속의 생수가 되시고
생명나무 숲 그늘이셨습니다

영혼의 깊은 곳에 있는
황량한 모래땅에
오아시스의 꿈을 그리시고
영원한 안식처로 세워주신 주님

내 안에 있는
사망의 음침한 그림자에도
주님의 영원한 생기를 불어넣어 주소서

찬양의 보고

성대가 상하여
육성으로는 찬양하지 못하지만
마음의 노래는 내게 살아있습니다

다른 이의 귀에는 들리지 않지만
다만 하나님에게만 들리는
나의 신령한 노래가 있습니다

마음의 천국에서 울려 퍼지는
시와 찬미의 노래로 서로 화답하며
오직 성령의 충만함으로
주의 이름을 높여 영광 돌립니다

꿈에서도 깨어있어 부르는 나의 노래가
번갯불에 번쩍이는 주의 얼굴이게 하시고
우렛소리 가운데 흠향하시는 응답이게 하소서

나의 부르짖음으로 찢긴 성대의 상처가
내 몸에서 예수의 흔적으로 남게 하시고
주께 드리는 찬양의 보고가 되게 하소서

목사님의 무덤은 없습니다
- 고(故) 김신영 목사님의 장례식에 부쳐

지금
비록 목사님은 싸늘한 주검으로
나무 관속에 누워계시지만
우리는 결코 슬퍼하지 않습니다

목사님의 영혼은
이미 불말과 불병거를 타고
하늘나라로
훨훨 올리어 가셨기 때문입니다

그러므로 이 땅 위에는
결코 목사님의 무덤은 없습니다

비록 생명의 호흡은 멎었지만
천국의 숨결을 호흡하며
홀홀히 하늘나라 먼 길을 떠나가셨습니다

76개성상의 세월을 함께 하던
사랑하는 가족들과

모든 친지들과의 숱한 애환도
오늘은 이 네모의 관 속에 담아
하늘나라로 올려 보내드리는 날입니다

지금까지 함께 나누던
모든 사람들의 절절한 사랑의 이야기도
이제는 하늘나라에서
그리움의 향기로 피어오를 때입니다

비록 지금은 주검으로 변해버린 몸이지만
이 죽음은 영원한 죽음이 아닙니다

장차 부활의 날에는
햇빛보다 더 밝은 빛의 얼굴로
다시 살아날 날이 있기 때문입니다

장차 천국 집에 열린
열두 진주 대문으로 들어가
우리 모두 다시 만날 그날을 기약하면서

목사님의 관이 찬송소리에 띄워
하늘나라로 올리어 갑니다

그러므로 우리는 슬퍼하지 않습니다
이 땅 위에는 그 어디고
목사님의 무덤은 없기 때문입니다

•

최규철 시인은 서울 영신교회 원로목사로 장로회신학대학 대학원을 졸업하였다. 1977년 월간『시문학』을 통해서 시인으로 등단하였으며, 월간『조선문학』에 문학평론가로 등단하였다. 한국크리스천문학가협회 회장을 역임하였고, 한국현대시인협회 · 한국민족문학가협회 · 한국기독시인협회 · 우당문학회 고문, 한국시문학문인회 상임지도위원이며, 응시동인회 회원이다.『형이상시학』발행인으로 한국형이상시회 회장을 맡고 있다. 제33회 시문학상 · 제14회 한국크리스천문학상을 수상하였다. 시집으로『빛의 고향』,『바람을 타고 흐르는 자유』등 다수가 있으며 시론『21세기 형이상시학과 시론』,『한국시문학에 끼친 성서의 영향』 및 시평 다수를 발표하였다.

•

여기가 좋사오니

2014년 6월 20일 인쇄
2014년 6월 30일 발행

지은이 / 최규철
발행인 / 박진환
펴낸곳 / 조선문학사
등록번호 / 1-2733
주소 / 120-853 서울 서대문구 통일로 389(홍제동)
대표전화 / 02-730-2255
팩스 / 02-723-9373

ISBN 978-89-98115-48-7

정가 10,000원